CATALOGUE

D'UNE

TRÈS JOLIE COLLECTION

DE

PORTRAITS

POUR

ILLUSTRATION

Par les plus célèbres Graveurs modernes

SUPERBES ÉPREUVES D'ARTISTES

AVANT LA LETTRE

SUR CHINE ET SUR BLANC

Du Cabinet de M. le Comte A...

DONT LA VENTE AURA LIEU

HOTEL DES COMMISSAIRES-PRISEURS

RUE DROUOT, 9, SALLE N° 4

AU PREMIER ÉTAGE

Les Mercredi 30 et Jeudi 31 Mai 1883

A UNE HEURE PRÉCISE

Me **Maurice DELESTRE**, Commissaire-Priseur,
rue Drouot, 27,

Assisté de **M. VIGNÈRES**, Marchand d'Estampes,
rue de la Monnaie, 21, à l'entre-sol,

CHEZ LEQUEL SE DISTRIBUE LE CATALOGUE.

PARIS — 1883

479
338-50
817.50

M. le Comte A.	817	50	666	10	153	40

Letouring 3

Let

Surgere 2

Surgere 2

CATALOGUE

PORTRAITS POUR ILLUSTRATION

1 **Ablitzer.** Philippe-le-Hardi, in-8. Superbe ép, avant la lettre sur chine, toute marge.

2 **Adam** (P.). Lord **Byron**, in-4. Avant la lettre superbe ép. sur chine, toute marge.

3 — Lord **Byron**, in-4. Avant la lettre sur blanc et avec la lettre 2 p. Superbes ép., toute marge.

4 — Maréchal **Lannes**, duc de Montebello, toute marge. — Louis Philippe d'**Orléans**, 2 portraits en pied d'après Gérard, avant la lettre, sur chine.

5 — Henri marquis de **Sévigné**, in-8. Avant la lettre, la tablette blanche, superbe ép. sur chine, toute marge.

6 **Adam** (J.-N.). **Duguesclin**, in-8. Avant la lettre, superbe ép. sur chine, marge.

7 **Allais. Lamoignon** (Guillaume de), premier Président, in-8, d'après *Nanteuil.* Lettre blanche magnifique ép., marge, in-fol.

8 — L. B. **Picard** de l'Institut, in-8, d'ap. *Boilly* avant la lettre sur chine — avec la lettre superbe ép., toute marge, 2 p.

9 — **Pascal** — J.-B. **Rousseau**, in-12. Avant la lettre 2 p. Superbes ép., toute marge et J.-B. **Rousseau**, eau forte pure, en tout 3 p.

10 **Audibran** 1867. Mme **Combrouse**, petit ovale in-8. Sur chine, marge in-4, très rare.

11 **Audouin** (P.). **Necker**, petit in-fol. Superbe ép., marge.

12 — L.-G. Comte **Suchet**, duc d'Albufera, maréchal, in-4. Superbe ép. marge.

13 — Duc de **Wellington**, grand in-8. Superbe ép., toute marge.

14 **Bernardi**. F. **Petrarca**, d'ap. *Agricola*, grand in-8. Superbe ép. sur chine, toute marge.

15 **Bertonnier**. **Azais**, philosophe, in-8 d'après Boilly. Superbe ép. avant la lettre, sur chine, toute marge.

16 — **Bailly**, maire de Paris, in-8. Avant la lettre superbe ép. sur chine, toute marge.

17 — Duc de **Berry**, in-8. Lettre blanche, superbe ép. sur chine.

18 — **Bertin**, poëte, in-12. Avant la lettre superbe ép., toute marge.

19 — **Bourgogne** (Louis duc de), in-8, d'ap. de Troy. Superbe ép., lettre blanche, sur chine, toute marge.

20 — **Buffon**, in-12. La tablette blanche, sur chine et sur blanc, 2 ép. superbes et toute marge.

21 — Duc de **Choiseul**, in-8, d'ap. *Laurent*. Avant la lettre. Superbe ép. sur chine, toute marge.

1 Leton

Bournety 3 Nicolle 3.50

Nicolle 2.50

1 Leton

1 Leton

4 Leton

Surgère 1

Surgère 1

Bonnely 3

Bonnely 3

22 — Mmes Damoreau, **Cinti.** — **Duchesnois**, in-12. Avant la lettre, sur chine, 2 très belles ép., marge.

23 — Mme **Cottin**, in-12. Avant la lettre, sur chine. 2 portraits différents, superbes ép., toute marge.

24 — **Cuvier** (Baron), in-8. Avant la lettre, sur chine, superbe ép., toute marge.

25 — **Descartes**, in-12. La tablette blanche, superbe ép. sur chine, toute marge.

26 — **Descartes**, in-8, d'ap. *Hals.* Avant la lettre, sur chine, toute marge.

27 — **Duval** (A.), de la collection Dabo, in-8. Avant la lettre, sur chine, très belle ép., toute marge.

28 — Mme **Elisabeth**, in-8, d'ap. *Marckl.* Superbe ép. avant la lettre sur chine, toute marge.

29 — **Firmin.** — **Lafont**, acteurs, in-12. Superbes ép. avant la lettre, sur chine, toute marge, 2 p.

30 — Mme H. Marie Anne de **Fumel**, supérieure de l'enfant Jésus, d'ap. *L. Mauduit*, petit in-fol. Superbe ép., toute marge.

31 — Anne de **Gonzague**, in-8, d'ap. *Mignard.* La lettre blanche, superbe ép., toute marge.

32 — **La Fontaine**, in-12, lettre blanche, d'ap. *Chasselat* — in-8, d'ap. *Rigaud*, 2 p., très belles ép.

33 — **La Rochefoucauld**, auteur des maximes, in-8. Avant l'entourage et avant la lettre, superbe ép. sur chine, toute marge.

34 — **Latreille**, de l'Institut, in-8. Avant la lettre. (dessiné d'ap. nature), superbe ép. sur chine, marge.

35 — **Legouvé**. auteur du mérite des femmes, in-8. Eau-forte pure, avant la lettre, et lettre grise, 3 p. superbes et toute marge.

36 — **Louis XVIII**, in-8. Lettre grise, superbe ép., toute marge.

37 — **Malfilâtre**, in-8. La tablette blanche, avant la lettre, sur chine, superbe ép., marge.

38 — **Marie Antoinette**, in-8. Lettre blanche, magnifique ép., marge in-fol.

39 — **Marivaux**, d'ap. *Mehu*. Collect. Dabo, magnifique ép. avant la lettre, sur chine, toute marge.

40 — Mlle **Mars**. — **Ponchard**, in-12. Avant la lettre, sur chine, 2 p., très belles ép., marge.

41 — **Massillon**, in-8, d'ap. *Bouys*. Lettre blanche sur chine, superbe ép., toute marge.

42 — **Massillon**, in-8, d'ap. *Deveria*. Superbe ép. avant la lettre, marge.

43 — **Molière**, in-12. Avant toute lettre, superbe ép. sur chine, toute marge.

44 — **Molière**, in-8. La tablette blanche, superbe ép. sur chine, marge.

45 — **Montaigne**, in-12. La tablette blanche, avant toute lettre, sur chine, marge, superbe.

46 — **Pierre le Grand**, en pied, in-8 d'ap. *Desenne* et *Deveria*. 2 portraits différents, très belles ép.

47 — **Pigault le Brun**, in-8, d'ap. *Boilly*. Avant la lettre, sur chine, superbe ép., toute marge.

Couraud 3

Hoüyard 2.50

Bouncly 3

Couraud 2,50

6 Letour

Letour

7 Letour

Letour

Letourn

Letourn 5

Letour 2

48 — **Piron** (Alexis), in-8. Avant la lettre, chine, lettre grise. 2 p. superbes et toute marge.

49 — J. **Racine**, in-8. La tablette blanche, superbe ép. sur chine, toute marge.

50 — **Scarron**, toute marge. — **Ségur** (comte de), 2 p. in-8, très belles ép.

51 — **Titien**, in-12. Superbe ép. avant la lettre, sur chine, toute marge.

52 — **Vauban**, maréchal de France, d'ap. *Rigaud*, petit in-fol. Superbe ép., toute marge.

53 — **Vertot**, in-8. Sur chine, très belle ép., toute marge.

54 — **Danton**, sur chine. — **Hawes**, avant la lettre. — **Lefèvre**, 3 p. in-8, très belles ép.

55 **Bertonnier** et **Audouin**. Mme Boulanger — Elleviou — Martin — Mme St-Aubin, 4 p. in-4. Très belles ép. toute marge.

56 **Bettelini**. Vittorio **Alfieri**, ovale in-8, lettre grise. Superbe ép., toute marge.

57 **Blanchard**. Le Chasseur et la Laitière, in-8. Eau-forte pure avant toute lettre, toute marge, superbe.

58 — Le Chasseur et la Laitière, in-8. Avant et avec la lettre 2 p. superbes, toute marge.

59 — **Andrieux**, in-8. Avant la lettre sur chine, superbe ép., toute marge.

60 — **Botta**, historien, d'ap. nature par *Deveria*. Avant la lettre, sur chine, toute marge, superbe.

61 — **Casti**, poëte italien, in-12. Avant la lettre, sur chine, toute marge.

62 — **Guicciardini**, in-8. Avant la lettre, superbe.

63 — **Manzoni**, in-8. Avant la lettre, superbe.

64 — Vᵉ **Vignon**. Avant la lettre chine et blanc et avec la lettre, 3 p. in-8, superbes.

65 **Blot**. **Van Dyck**, d'après lui-même, in-4, très belle ép.

66 **Boilly**. Cardinal **Fleury**, in-8. Lettre blanche, superbe ép., marge in-fol.

67 — Ant. **Portal**, premier médecin du roi, ovale, petit in-4. Très belle ép., marge.

68 — **Regnier**, in-12. eau forte pure. Avant la lettre, sur chine, 2 p. superbes, toute marge.

69 **Bonvoisin**. **Bertin**, d'ap. *Vestier*, in-12. Superbes ép., avant la lettre, chine et blanc, 2 p., toute marge.

70 — Mˡˡᵉ **Clairon**, collect. Dabo. Superbe ép., avant toute lettre, sur chine, toute marge.

71 — **Henri IV**, en pied. Sur chine et sur blanc in-8, 2 p. superbes.

72 — **De Lachaussée**, d'ap. *Dubasty*, collect. Dabo. Avant la lettre, sur chine, superbe ép., toute marge.

73 — **Marie Leczinska**, in-8, d'ap. *Nattier*. Lettre grise sur chine, superbe ép., marge.

74 — La même avec la lettre, in-8. Très belle.

75 — **Marie Stuart**, in-8. Avant la lettre, tablette blanche, superbe ép., sur chine, toute marge.

76 — **Clément Marot**, ovale, in-8. Avant la lettre, sur chine, superbe ép., toute marge.

Beraldi 4

3 Letour

2 Letour
ou
Letour

Letour

Letour

Bousvely 3
Letour 5

Letour 2

Surgere 1,50

Laruelle 5

Letour

Hugard 3,50

77 — Mlle **Mars**, eau forte pure. Avant toute lettre. sur chine, collect. Dabo, 2 p., superbes ép., toute marge.

78 — Duchesse de **Montausier**, in-8. d'ap. *Mignard*. Lettre grise, superbe ép., toute marge.

79 — La même avec la lettre, toute marge.

80 — J. **Racine**, ovale, in-12. Avant la lettre, sur chine, marge in-4.

81 — **Raynouard**, collect. Dabo. Avant la lettre, sur chine, superbe ép., toute marge.

82 — **Voltaire**, en pied, in-8. Sur chine, superbe ép., toute marge.

83 **Bosselman.** Cambronne — Drouot, ovales, in-4. Très belles ép., marge, 2 p.

84 — Saint Aignan, député et préfet de Nantes, ovales in-4. Avant la lettre, très belle ép.

85 — Jaubert — Gouvion St-Cyr — Marceau — Soult, 4 p. in-8. Très belles ép.

86 **Bourgeois.** Adelhaïd de Holstein **Oldembourg**, ovale, in-4. Avant toute lettre, superbe ép., marge.

87 **Bourgeois de la Richardière.** Le docteur **Gall**, ovale, in-4. Lettre grise, superbe ép., marge.

88 — **Baptiste** ainé — L. **Nourrit**, acteurs, en ronds, petit in-4, d'ap. *Vincent*. Très belles ép., 2 p.

89 **Bovinet.** Comtesse **Dubarry**, in-8. Belle ép., marge.

90 — **Fontenelle**, in-12. Eau forte pure et avant la lettre, 2 p. superbes.

91 — **La Bruyère.** Eau forte pure et avant la lettre, 2 p.

92 — **Tippo-Saëb**, raja de l'Inde, in-8. Très belle ép.

93 **Bracquemond.** M. de **Queslus**, mignon d'Henri III. Eau-forte d'ap. *Brebiette*, in-8. Sur chine, superbe et toute marge.

94 **Burdet.** La **Rochefoucault**, auteur des maximes, in-8. La tablette blanche, sur chine, superbe ép.

95 **Calamatta. Cheron**, auteur dramatique, ép. d'artiste, sur chine, collect. Dabo, superbe, toute marge.

96 — Georges **Sand**, in-8. Très belle ép.

97 **Cardon.** L. Guil **Otto**, plénipotentiaire en Angleterre, ovale, in 4. Superbe ép., rare.

98 **Caron** (Ad.). Mme **Cottin**, d'ap. le buste, in-8. Belle ép.

99 **Caron** (Tous). **Descartes**, la tablette blanche, in-8. Superbe, toute marge.

100 — **Dupin** aîné, grand in-8, d'ap. *Couder*. Superbe ép. d'artiste, sur chine — avec la lettre grise 2 p., toute marge.

101 — Charles d'**Orléans** — Duc de **Berry** par Mlle *Coignet*. 2 superbes ép. d'artiste, sur chine, in-8, toute marge.

102 **Chenay** (Paul). **Victor Hugo**. Petit portrait de face en 1860. In-8, sur chine, avec facsimile d'écriture au bas, rare, marge, in-4.

103 **Chollet.** Mme de **Varens.** Superbe ép. avant la lettre. In-8, sur chine, marge.

Letour

3 Detour Bourrely 3

Héd. 5

Letour

Surger 1,50

Letour Hittemacher 5

Létour 3. Delaugre 4,50

Lescure 5

Vasin 2

Létour

Létour

104 — La même, avec la lettre, sur chine, — et J.-J. **Rousseau**, avant toute lettre. 2 p. in-8. Superbes.

105 **Clément** (A.). **Condillac**. Grand in-8, beau portrait. Très belle ép.

106 **Coignet** (Mlle). Mme de **Genlis**, jeune, appuyée sur une harpe. — Mme de **Genlis**, âgée, par Coupé. 2 superbes ép. d'artistes sur chine.

107 **Coiny**. **Dante**, d'ap. *Raphaël*. Petit in-4. Superbe ép. d'artiste sur chine.

108 — **Michalon**, d'ap. Léon *Cogniet*. In-8, sur chine. Superbe.

109 — **Raphaël**, d'ap. lui-même. In-8, sur chine. Superbe ép., toute marge.

110 **Colin**. **Louis Blanc**. In-8, d'ap. *Cabasson*. Très belle ép.

111 **Colin** (Ch.). Pierre **Dupont**, d'ap. *Gigoux*. — P. **Lachambeaudie**, par *Monnin*. 2 p. in-8, sur chine. Superbes ép., toute marge. (Chansonniers.)

112 **Conquy**. Beauvisage. — Brémontier. — Brune. — Comte de Caylus. — Dombasle. — Richard Lenoir. — Paré. 7 p. in-8. Ép. d'artiste sur chine, toute marge.

113 — **Tieck**. Grand in-8, sur chine, avant la lettre, chine, marge.

114 **Corbould**. **Ducis** entouré de fleurs. Eau-forte et terminée. In-8, sur chine et sur blanc. 3 p. in-8, superbes, toute marge.

115 **Couché**. **Benjamin Constant**, député. Grand in-8, sur chine. Superbe ép., marge.

116 — Général **Foy**. Ovale entouré, avant la lettre. — Carré. 2 p. in-8, sur chine. Très belles ép., toute marge.

117 — Baron de **Goquelat**. In-8, avant toute lettre, sur chine, toute marge. Superbe.

118 — Gouvion Saint-Cyr. — Macdonald. — Soult. — Suchet. 4 p. in-8, sur chine, lettre grise marge.

119 — Anne de Bretagne. — Bernardin de Saint-Pierre. — P. Corneille. — Duguay-Trouin. — Duquesne. — Fontenelle. — Jouvenet. 7 p. in-8, dont 5 sur chine.

120 — Abeilard, Clisson. — Châteaubriand, Duguesclin. — Lanjuinais, Vauban. 6 p. in-8, 2 sur la feuille.

121 **Croutelle. Demoustier**. Collection Dabo, non terminée, avec des retouches au crayon. Avant la lettre. 2 p., très belles ép., toute marge.

122 — **Saurin**. Ép. d'artiste. Collection Dabo. Superbe, toute marge.

123 **Delaistre. Charles VII** en pied, d'ap. *Desenne*. In-8. Superbe ép., sur chine, toute marge.

124 — **Corneille** (P.). In-8. La Tablette blanche. Superbe ép., toute marge.

125 — L'infant **Ferdinand**, d'ap. *Barthélemy Beham*. In-4. Superbe ép., petit in-fol., rare.

126 — **Jacquart**, inventeur des métiers. Grand in-8, avant la lettre, sur chine. Superbe ép., toute marge.

Letour Surgere 5 Houzard 7.

Letour Surgere 6

Lescure 5

Letour

2 Letour Houzard 1.50 Beraldi 3

Letour

Nicolle 2 Letour

Nicolle 2.

Letour 7

Letour

Bourrely 3

Letour Couraud 3

Letour Couraud 3

127 — **Louis XIV** en pied. In-4. Superbe ép. d'artiste, avant toute lettre, toute marge.

128 — **Picart**. Collection Dabo. Avant la lettre, sur chine. Très belle ép., rare. marge.

129 — **Raphaël** étant jeune. In-8. Ép. d'artiste, avant toute lettre.

130 **Delannoye**. E. **Scribe**, de l'Académie. In-8. Très belle ép., toute marge.

131 **Dequevauviller**. J. **Amyot**. In-8, d'ap. *Laguiche*, lettre blanche. Superbe ép., marge.

132 — J.-J. **Barthélemy**. In-8, d'ap. le buste d'*Houdon*, avant et avec la lettre. 2 p. Superbes, toute marge.

133 — J.-J. **Barthélemy**, de profil, d'ap. *Devéria*. In-8, très belle ép. Avant la lettre, sur chine, toute marge.

134 — **Bossuet**. In-8, d'ap. *Rigaud*. Superbes ép., toute marge. Avant et avec la lettre, 2 p.

135 — Lord **Byron**. In-8. Superbe ép. Avant la lettre, sur chine, toute marge.

136 — **Charles XII**, en pied, d'ap. *Desenne*. In-8. Avant et avec la lettre. Superbes ép., toute marge.

137 — Le grand **Condé**. In-8, d'ap. *Devéria*. La tablette blanche. Très belle ép., marge.

138 — Le grand **Condé**. In-8, d'ap. *Nanteuil*. Lettre blanche. Très belle ép., sur chine, toute marge.

139 — **Dulaure**. In-8, d'ap. *Morin*. Avant la lettre, sur chine. Très belle ép., marge.

140 — A.-P. **Dutremblay.** In-8, sur chine, rare. Très belle ép., toute marge.

141 — **Etienne**, collection Dabo. Superbe ép. Avant la lettre, sur chine, toute marge.

142 — **Henri IV**, d'ap. *Porbus*. In-8. Avant la lettre, sur chine et sur blanc, 2 p. Superbes, toute marge.

143 — Duchesse de **Falari**. In-8, ép. d'artiste, tablette blanche, sur chine. Superbe ép., toute marge.

144 — Michel **Le Tellier**, d'ap. *Champagne*. Lettre blanche. In-8. Superbe ép., sur chine, toute marge.

145 — **Linguet.** Avant la lettre, sur chine, et avec la lettre. 2 p. in-8. Très belles ép., toute marge.

146 — **Louis XVI**, d'ap. *Callet*. Ép. d'artiste, la tablette blanche. In-8. Très belle ép., toute marge.

147 — Le même. Lettre blanche. Superbe ép., marge.

148 — duc de **Luxembourg-Montmorency.** In-8, lettre blanche. Superbe ép., marge.

149 — **Marion Delorme.** In-8. Superbe ép., grand papier, marge vierge. Avant la lettre, sur blanc, et avec la lettre, sur chine. 2 p.

150 — **Marivaux.** Avant la lettre, blanc, et sans lettre, chine. 2 p. in-8.

151 — **Clément Marot,** d'ap. *Laguiche*. In-8. Superbe ép. d'artiste, sur chine, toute marge.

Letour

Bourrely 3

Letour

Coussaud 4

Letour

Letour

Surgere 3 Letour

Bournely 3 Letour

Hongard 2

Bournely 3 Letour

Letour 7

Hongard 2 Letour

Hongard 2

152 — **Massillon**. Avant la lettre, sur chine et sur blanc, et avec la lettre. 3 p. in-8. Superbes ép., toute marge.

153 — **Rollin**, d'ap. *Coypel*. In-8. Avant la lettre, chine et blanc. 2 p. Superbes ép., toute marge.

154 — R.-B. **Sabatier**, chirurgien de l'Empereur. In-8. Superbe ép., marge.

155 — Mme de **Sévigné**. In-12, sur chine et sur blanc. 2 ép. d'artiste. Superbes, toute marge.

156 — Mme de **Tencin**. In-8, ép. sur chine, sans lettre. Superbe, toute marge.

157 — **Juvénal des Ursins**. In-8, sur chine. Avant la lettre, marge. Superbe.

158 — N.-L. **Vauquelin**, chimiste, d'ap. *Besselièvre*. In-4. Très belle ép., toute marge.

159 **Derly**. **Gerson**, chancelier. — **Isabeau** de Bavière. 2 p. in-8. Avant la lettre, sur chine. Très belles ép., marge.

160 — **Palissot**. Collection Dabo. Superbe ép., avant la lettre, sur chine, toute marge.

161 **Deshauvents**. François, duc de **Guise**. Petit portrait, avant la lettre. Superbe ép., marge, in-4.

162 **Devilliers**. **Montesquieu**. In-8, lettre blanche. Superbe ép., toute marge.

163 **Devritz**. Armand **Carrel**. In-12. Superbe ép. Avant toute lettre, marge in-4.

164 — Le Cornier de **Cideville**, né à Rouen, grand in-8, d'ap. *Voiriot*. Tirage à 100 ép., en bistre, toute marge, rare.

165 — **Michel Lasne**, graveur. In-12. Joli portrait. Superbe ép., sur chine, toute marge.

166 **Dien.** D'**Aguessau**, chancelier. In-8. Magnifique ép. Avant toute lettre, toute marge.

167 — René-Louis, marquis d'**Argenson**. In-8. Superbe ép. Avant la lettre, chine.

168 — **Boileau**. In-8. Très belle ép.

169 — Général **Bonchamp**. Avant la lettre, sur chine. In-8. Superbe ép., marge.

170 — Marquis de **Bouillé**, d'ap. le buste. Avant la lettre, chine et blanc. 2 p. in-8. Superbes, toute marge.

171 — Mme **Campan**, de face. Sur chine. — Autre différent. 2 p. in-8. Avant la lettre. Superbes, toute marge.

172 — **Carnot**. In-8. Superbe ép., marge.

173 — Ph.-Em. de **Coulanges**, en pèlerin. In-8. Superbe.

174 — **Dante**, de profil. Son masque avec armoiries au bas. 2 p. in-4. Superbes.

175 — **Dumouriez**, d'ap. son buste. In-8. Avant la lettre, chine et blanc. 2 p. Superbes, toute marge.

176 — **Dussaulx**. In-8. Avant la lettre, sur chine. Superbe, toute marge.

177 — Le marquis de **Ferrières**. Avant la lettre, sur chine, et avec la lettre. 2 p. in-8. Superbes, toute marge.

178 — **P.-L. Gérard**. In-8. Très belle ép.

179 — **Jorniac de Saint-Méard**. In-8. Avant la lettre, sur chine. Très belle ép., toute marge.

Varin 2 Hougard 1

4 Letour

Delangre 4,50

Berali: 6 Hillemach. 2.

Hoyau 2

Chambey. 3

Hey 2 Bonnely 3 Sergent 4 Dolangre 12,50

Varin 2,50

Latour

180 — **Louis XIV**. Avant la lettre. In-8. Superbe, toute marge. 1

181 — **Malherbe.** Avant la lettre et lettre grise. 2 p. in-8. Très belles. 2 Vig

182 — Mme **Rolland.** In-8. Avant la lettre. Superbe ép., marge. 3.50

183 — Le comte de **Ségur**, auteur des mémoires. In-8. Avant la lettre, sur chine. Très belle ép., toute marge. 2.50

184 — Charles et Henri, marquis de **Sévigné.** 2 charmants portraits dessinés d'ap. les originaux par de *Chateaubourg*. 2 p. Superbes ép. in-8. 10 Vig

185 **Duplessi-Bertaux**. Apothéose de Louis XVI, In-4, sur chine, avec la petite tête dans le bas de la planche. Superbe ép. avant la lettre, grande marge. 1

186 **Dupont** (Henriquel). Alex. **Desenne**, dessinateur. In-8. Superbe ép., toute marge. 2 Vig

187 — Mme de **Mirbel**, en pied, d'ap. *Champmartin*. Petit in-4. Très belle ép., toute marge. 1.50

188 — **Montaigne**. In-8. Ovale. Superbe ép. avant la lettre, toute marge. 1.50

189 — 1837. Carle **Vernet**, d'ap. *P. Delaroche*. In-8. Très belle ép., toute marge. 2 Ver

190 **Dupreel. Bossuet**, en pied. In-8. Ép. d'artiste très belle, toute marge. 3.50 Vig

191 — **La Fontaine**, d'ap. *Rigault*. Très petit, ovale. Superbe ép., sur chine. Avant la lettre, marge, in-4. 2.50

192 **Durand.** Le roi **Jean.** In-8. Avant la lettre, sur chine. Superbe.

193 **Dutillois. Hoche.** — **Eustache**, le nègre. Avant la lettre. 2 p. sur chine. Superbe.

194 **Ensom. Guitaut.** La tablette blanche. Très belle ép., sur chine, toute marge.

195 **Ethiou** (A.). **Beaumarchais.** In-8. La tablette blanche. Très belle ép., marge.

196 — **Bitaubé.** Ép. d'artiste, chine et blanc. Collection Dabo. 2 p. très belles.

197 — **Boufflers** (chev. de), poète. In-8. Eau-forte pure et la tablette blanche. Avant la lettre. 2 p. Superbes ép., marge.

198 — **Corneille** (P.). In-8. Très belle ép., toute marge.

199 — **Desaix.** Sur chine. Avant la retouche. — Le même, retouché, sur blanc. 2 p. in-8. Superbes, toute marge.

200 — **Dugazon.** Collection Dabo. Superbe ép. d'artiste, chine, toute marge.

201 — **Florian.** Avec la lettre marge. — **Homère**, ép. d'artiste, 2 p. Collect. Dabo.

202 — 1832. **Junot**, maréchal, in-8, d'ap. *Gros.* Superbe ép. avant la lettre, sur chine, toute marge.

203 — Lafayette. — Marceau. — Moreau, 3 p. in-8. Superbe ép. sur chine, toute marge.

204 — **Millevoie.** Eau-forte pure et avant la lettre. 2 p. in-8. Superbes, toute marge.

Bournely 3

Letour

Letour Houzard 1

2 Letour

Bournely 3

4 Letour

Letour

Letour

Letour

Letour

Letour

Nicolle 3,50 Letour

205 **Ethiou** (Adèle), 1833. Le marquis de **Mirabeau**, dit l'Ami des hommes, d'ap. *Thérèse Boucher*, 1781. — **Mirabeau** fils, orateur, d'ap. *Boze*, 1789. 2 p. in-8, avant la lettre, toute marge. Superbes.

206 **Fauchery**. **Bossuet**. In-12. Superbe ép. d'artiste, sur chine, toute marge.

207 — **Boufflers** (chev. de). Ép. d'artistes, chine et blanc. 2 p. in-12. Superbes, toute marge.

208 — Abbé **Guillon**. Ép. d'artiste, sur chine, in-8. Superbe, toute marge.

209 — **La Rochefoucauld**, auteur des Maximes. Ép. d'artiste, chine, ovale, in-8.

210 — Le même, lettre grise sur chine. Superbe, toute marge.

211 — **L'Hôpital**. In-12, sur chine superbe, toute marge.

212 — **Montesquieu**, au bas la médaille, in-8. Très belle ép., toute marge.

213 **Faulconnier**. (P. S.). **Laplace**. In-8. Très belle ép.

214 **Fittler**. (L. E.) de la Vergne de **Tressan**. In-8, d'ap. *Borel*. Superbe ép., marge

215 **Florensa** (Mme). **Ducis**. In-8. Superbe ép. avant la lettre, toute marge.

216 **Fontaine**. **Maître Adam**, menuisier de Nevers. In-8. Lettre grise, remargée comme chine.

217 — **Désaugiers**, chansonnier. In-12, avant la lettre. — Le même, avec la lettre sur chine. Superbe ép., toute marge, 2 p.

218 — **Jenner**. Ép. d'artiste sur chine, in-8. Superbe.

219 — Mlle **Mars**. In-8, sur chine, d'ap. *Gérard*. Très belle ép., marge.

220 — La contemporaine **Ida Sainte-Edme**. Avant la lettre, sur chine, toute marge.

221 **Forestier**. **Napoléon**. In-12. Sur chine, ép. d'artiste, superbe; marge, in-4.

222 — Cardinal de **Retz**. In-8. Avant la lettre, très belle ép., marge.

223 **Forsell**, 1814. **Ducis**, poète, d'ap. *Gérard*, charmant portrait. Superbe ép. avant la lettre, in-8, toute marge.

224 — Mme la marquise du **Deffant**. In-8, d'ap. de *Carmontelle*. Très belle ép., toute marge.

225 — Mme la marquise de **Maintenon**. In-8, d'ap. *Mignard*. Très belle ép., toute marge.

226 **Forster Charrin**, littérateur. In-8. Superbe ép. d'artiste, sur chine, marge, in-4.

227 — Mme **Laboulay-Marillac**. Magnifique ép. d'artiste avant toute lettre, in-8. Sur chine, toute marge.

228 — **Rabelais**. Médaille. Superbe ép. in-8, sur chine, tirage in-fol.

229 **Fosseyeux**. Mme **Deshouillères**. In-12, avant la lettre, chine et blanc, 2 p. Superbe ép., toute marge.

230 **Fournier** (Mme). Pauline **Bonaparte**. — Charlotte **Corday**. 2 p., in-8. Superbes, toute marge.

Nicolle 2

2 Létour

Varin 2

Varin 3

3 Létour

Honjard 1.50

Letour Chambey 3

Bounety 3

Surgere 2

Letour

Letour

Vasin 2

Letour

Letour

231 **François.** Bernadotte en pied. Grand in-8. Superbe ép. d'artiste avant toute lettre, toute marge.

232 — **Louis Blanc.** D'ap. *Mercuri.* In-8, sur chine. Superbe, toute marge.

233 **Garnier.** **Bossuet.** D'ap. *Rigaud.* In-8. Superbe ép., lettre blanche, marge in-fol.

234 — **J.-J. Rousseau.** In-8, avant toute lettre. Superbe ép., marge.

235 **Gavarni.** Mme la duchesse d'**Abrantès.** In-4. Superbe ép. lith. Roger, toute marge.

236 **Geoffroy.** **Lanjuinais.** D'ap. *Sudré.* Superbe ép. avant la lettre, toute marge.

237 **Géraud.** **La Fontaine** lisant ses œuvres à Mme de la Sablière. In-8, avant la lettre, sur chine. Superbe ép., toute marge.

238 **Géraut.** **Henri IV.** D'ap. *Gérard.* In-8, avant la lettre, sur chine. Superbe ép., marge in-4.

239 **Girard.** **Millevoie.** In-8, avant toute lettre, très belle ép., toute marge.

240 **Girardet.** Son portrait, par *P. Adam.* — Vénus tenant sa ceinture. — Médaille : Henri IV et Louis XVIII. — La famille royale au tombeau de Louis XVI, pièce ronde d'une grande finesse. 4 p. in-8 et in-4. Superbes, toute marge.

241 — **J. Racine.** In-12. Superbe ép., marge in-8.

242 **Giroux** (Émile). **Buffon.** — **Sauzet.** 2 p. in-8. Très belles ép., toute marge.

243 **Godefroy.** **Mme Barbier Walborne,** élève de Garat. Superbe ép. du 1er prix de gravure donné à la 1re planche de *Godefroy*, et origine des récompenses données en France à la gravure. Petit in-fol., toute marge.

244 — **Imbert-de-Lonnes,** chirurgien. In-8, avec la lettre, avant que la tablette soit ombrée. Très belle ép,, marge, rare.

245 **Goutière. Jacques Cœur.** Eau-forte pure avant toute lettre et avec la lettre. 2 p. in-8. toute marge. Superbes.

246 — **Macdonald. — Robespierre.** 2 p. in-8, sur chine. Superbes, toute marge.

247 **Guyard. Beaumarchais.** Collect. Dabo, lettre grise, toute marge. Superbe.

248 — **Gentil-Bernard.** In-12, eau-forte pure. — Terminé avant la lettre. 2 p. superbes, toute marge.

249 — **Bernis.** In-12, eau-forte pure. — Terminé avant la lettre, sur chine. 2 p. superbes, toute marge.

250 — **Brueys.** Collect. Dabo, avant la lettre. Très belle ép., toute marge.

251 **Hillemacher.** Mahy de **Favras**, profil d'ap. *L. David.* Rond, in-8, eau-forte, sur chine. Superbe ép., toute marge.

252 **Hopwood.** Les 4 poètes italiens, Arioste, Boccace, Dante, Pétrarque, réunis. Grand in-8, avant la lettre. Superbe ép., toute marge.

Surger 3 Letour Chambay 3

Letour

Letour 2

Larnelle 2 Bourelly 8

Letour

Letour Couraud 7

Letourneur

Letour 2
ou

253 — Apollon au milieu de Boileau, Corneille, La Fontaine, Molière, Racine, J.-B. Rousseau, Voltaire. In-8, avant la lettre et avec l'adresse de Roux-Dufort. 2 p. très belles.

254 — La duchesse de **Berry** en veuve tenant son fils. In-8. Magnifique ép. d'artiste sur chine, marge in-4.

255 — **Bossuet.** Avant la lettre, sur chine, grande marge. Superbe, avec la lettre, in-8, 2 p.

256 — Lord **Byron.** Avant et avec la lettre, sur chine, in-8. 2 p. superbes, toute marge.

257 — **Cervantes.** In-12, avant la lettre, chine, marge, très grand in-8.

258 — **Fléchier.** In-8, avant la lettre, sur chine. Superbe ép., toute marge.

259 — **Henri**, duc de Bordeaux. Ép. d'artiste, sur chine, marge, grand in-4.

260 — **La Fontaine.** In-8. Superbe, toute marge.

261 — **La Harpe** entouré. In-8. Superbe, toute marge.

262 — Mme la comtesse **Merlin.** In-8, d'ap. Mme *Paulinier*. Superbe ép., toute marge, rare.

263 — **Molière** entouré, d'ap. *Chenavard*, in-8. Très belle ép.

264 — **Louis-Philippe I**[er]. Avant la lettre, sur chine et avec la lettre. 2 p. in-8. Superbes.

265 — J.-J. **Rousseau** entouré. In-8. Superbe ép. sur chine, marge, petit in-fol.

266 — **Walter Scott.** Avant toute lettre, claire-voie, sur chine. — Autre carré avec la lettre, 2 p. in-8. Superbes.

267 **Walter Scott.** D'ap. *Leslie*, eau-forte pure, sur chine. — Terminé, 2 p. in-8. Superbes, toute marge.

268 — Eugène Beauharnais. — Bessières. — Caulaincourt. — Duroc. — Mlle Élisabeth. — Lasalle, — Macdonald. — Caroline Murat. — Suchet. 9 p. in-8. Superbes ép., toute marge.

269 **Huot.** **Sieyès**, homme politique, profil, comme médaille. In-8, d'ap. *Bréa*, beau portrait. Superbe ép., toute marge.

270 **Ingres** (d'ap). Le comte de **Forbin.** In-4. par *Reinaud.* Très belle ép., toute marge.

271 **Jacquemin.** **Boileau.** In-8, sur chine. Superbe ép., marge.

272 — André **Chénier.** In-8, d'ap. *Suvée.* Avant la lettre, sur chine, toute marge.

273 — **La Fontaine.** In-8. Magnifique ép. avant toute lettre, sur chine. Tirage in-fol.

274 — **Xavier de Maistre**, d'ap. *Saint-Germain*, in-8. Superbe ép., toute marge.

275 **Jamont.** **Sully**, d'ap. *F. Hals*, in-8. Très belle ép., toute marge.

276 **Jazet**, 1818. Baronne de **Staël-Holstein**, d'ap. nature, par *Bouvier*, 1818. Rond, in-4. Très belle ép., marge.

277 **Jeanron.** Collot d'Herbois. — Danton. — Camille Desmoulins. 3 p. in-8, à l'eau-forte. Superbes ép. avant toute lettre, sur chine, toute marge. Très rares.

278 **Jéhotte.** **Chaulieu**, ovale in-8, avant et avec la lettre, 2 p. Superbes.

Letour

Gorbin 5

~~Letour~~

Letour

Letour

3 Letour

Flouyard 2

Letour 2

Surgère 1.50

Letour

Letour

Letour

Coursaud 3

279 — **Fénelon**, ovale, in-8, avant la lettre, sur chine et avec la lettre, 2 p. Superbes.

280 — **La Fontaine**. In-12, avant la lettre, sur chine. Superbe ép., marge in-4.

281 — **La Fontaine**, ovale, in-8. Magnifique ép. avant toute lettre, sur chine, toute marge.

282 — **Louis XV**, en pied. In-8, sur chine et sur blanc, 2 p. Superbes ép., marge.

283 — Charles de **Sévigné**. In-8, la tablette blanche. Superbe ép., sur chine, toute marge.

284 **Johannot. Mathilde.** Avant toute lettre. — **Clotilde.** 2 p. in-8. Superbes, toute marge.

285 — Mlle de Fontanges. — Mlle de la Vallière. — De Montpensier. — F. M. d'Orléans. — Marie-Louise d'Orléans. 5 p. grand in-8, d'ap. les émaux de *Petitot*, du Musée royal.

286 — Mme de **Grignan**. Grand in-8. Superbe ép. avant toute lettre, toute marge.

287 — **Barthélemy**. Très rare. — **Méry**. 2 p., in-8. Très belles ép., toute marge.

288 — **Bulgarine**, écrivain russe. Superbe ép. d'artiste, sur chine. In-8, toute marge.

289 — Mme **Guizot**, d'ap. *Scheffer*. In-8. Superbe ép. d'artiste, sur chine, toute marge.

290 — **Millevoie**, en pied. Superbe ép., in-8, avant la lettre, sur chine, toute marge.

291 **Johannot** (Tony). Mme de **La Sablière**, protectrice de La Fontaine, in-8, d'ap. *Colin*. Magnifique ép. avant la lettre sur chine, marge petit in-fol.

292 — Mme de **La Sablière**. In-8, d'ap. *Colin*. Superbe ép. lettre grise, grande marge.

293 **Joubert**. Charette, — Larochejacquelein, 2 p. in-8 sur chine, superbes, toute marge.

294 — **Bessières** — **Bonaparte**, d'ap. *Isabey*, 2 p. in-8, Ép. d'artistes, superbes.

295 **Kurowski** (J.). Léonard **Chodzko**, in-8. Superbe ép., toute marge.

296 **Lacour**. **De Larive**, acteur, in-8. Collect. Dabo, avant la lettre, superbe ép., toute marge.

297 — **Montesquieu**, in-8. Ép. d'artiste, marge, in-4. Superbe.

298 — **Vieland**, grand in-8. Sur chine. Superbe ép. d'artiste, marge grand in-4.

299 **Lederer**. Benjamin **Constant** — L. **Gaudeau**, 2 p. in-8. Superbes ép. avant la lettre, marge.

300 **Langlois** (E.-Hte). La famille royale, dix portraits réunis, St-Louis, Henri IV, Louis XVI, Marie-Antoinette, Louis XVIII, comte d'Artois, duc et duchesse d'Angoulême, duc de Berry, petit in-fol. Superbe, toute marge.

301 **Langlois**. **Rostoptchin**, gouverneur de Moscou, 1812, en pied, grand in-8, avant toute lettre, sur chine. Superbe, toute marge.

302 **Lapi**. **Ariosto** — **Dante**. 2 p. in-12. Superbes, toute marge.

303 — **Laura** — **Petrarca**. 2 p. in-12. Superbes, toute marge.

304 **Larcher**. Ph.-J. de **Bengy** de Puyvallée, député du Berry, 1879. In-8, sur chine. Superbe ép., toute marge.

Surgère 3

Letoquer

Nicolle 2.50

Letour

Lurgés 2 Letour

Nicolle 2

Letour

305 — Mme **Dufresnoy**, in-8, avant la lettre, sur chine. Superbe, toute marge.

306 — **Legouvé**, in-8. Collect. Dabo, avant la lettre, sur chine, toute marge. Très belle.

307 — **Molière**. La tablette blanche, avant la lettre, sur chine, in-8, toute marge. Superbe.

308 **Laugier**. François de **Neufchâteau**, in-8, d'après *Casanova*, collé. Belle ép.

309 **Lavallée**. **Marsollier**, auteur dramatique, in-8, collect. Dabo, avant la lettre. Très belle ép., toute marge.

310 **Leclerc**. La duchesse de **Montpensier**, d'après *Petitot*. Superbe ép. in-8, avant toute lettre, marge in-4.

311 **Lecomte**. Marguerite de Lorraine, duchesse d'**Orléans**, d'après *Petitot*, in-8. Superbe ép., marge in-4.

312 **Lecomte** (N.). **Catherine** II. Sur chine — **Frédéric II**, en pied. 2 p. in-8. Superbes, toute marge.

313 — **Chateaubriand**, in-8. Très belle ép., marge.

314 — Henri **Grégoire**, évêque de Blois, ovale, in-4. Superbe, toute marge.

315 — Mme de **Simiane**, la tablette blanche, avant la lettre. — La même avec la lettre, in-8. 2. p. superbes, toute marge.

316 **Lefevre**. **Bossuet**, eau-forte pure, in-8. Superbe, toute marge — le même, avant la lettre, la tablette blanche. 2 p.

317 — **Chénier**, in-8, sur chine et sur blanc. 2 p. avant la lettre. Superbes, toute marge.

318 — Duc **Decazes**, ministre de l'intérieur, petit in-4. Superbe, toute marge.

319 — **Duchesnois** (Mlle), in-8. Collect. Dabo, avant la lettre, sur chine. Superbe, toute marge.

320 — **Gresset**. Collect. Dabo. lettre grise sur chine — le même, lettre noire. 2 p. in-8. Superbes, toute marge.

321 — **Jouy**, ovale, in-8, sur chine, ép. d'artiste, marge.

322 — **Luce de Lancival**. Collect. Dabo, ép. d'artiste, signée *Deveria*, au crayon. Très belle ép., toute marge.

323 — **Napoléon**, d'ap. *David*, grand in-8, avant la lettre. Superbe, toute marge.

324 **Legrand** (Paul). Mlle **Duchesnois**, rôle de Marie Stuart, grand in-8. Superbe ép. marge.

325 **Leisnier** et **Forster**. Fr. **Rabelais**, médaille avec entourage orné, in-8. Superbe ép. sur chine, marge, petit in-fol.

326 **Lejeune**. **Desforges**, comédien et auteur dramatique. Collect. Dabo, in-8. Superbe ép. toute marge.

327 **Leroux**. **Bossuet**, in-8, d'ap. *Desenne*, sur chine. Très belle ép. toute marge.

328 **Leroux**, 1826. **Béclard**, médecin anatomiste. Ovale grand in-8, ép. d'artiste sur chine. Superbe, toute marge.

329 — **Bellart**, procureur général, ovale, in-8, d'après le buste de *David*, avant la lettre, toute marge et avec la lettre. 2 p. très belles.

Letour
par André

Letour

Letour
double

Letour

Letour

Letourneur

Lescure 5

Nicolle 2

Chamboy 4. Delangre 4.50

330 — **Catinat**, maréchal de France, au bas une bataille, avant et avec la lettre. 2 p. in-8. Superbes.

331 — Louis **David**, peintre d'après nature, grand in-8. Superbe, toute marge.

332 — Mme **Élisabeth**, in-8. Superbe, toute marge.

333 — **François Ier**, d'ap. *Titien*, in-8. Avant la lettre — le même. in-4, avec la lettre. 2 p. Superbes.

334 — **Gilbert**, in-8, avant la lettre. Superbe, toute marge.

335 — **Lacépède**, in-8. Superbe ép. avant la lettre la tablette blanche, d'ap. *Hersent*, remargé.

336 — **Marmontel**, in-8, avant la lettre, sur chine, Très belle épr., toute marge.

337 — **Marmontel**, in-8. Magnifique ép. lettre grise, toute marge, in-4.

338 — La même, avec la lettre. Superbe, toute marge.

339 — **Régnard**, in-8, lettre blanche avant les noms, vrai chef-d'œuvre, peut être mis à côté des Ficquet, Savart, etc.

340 — Mme de **Warens**, ovale, in-8, avant la lettre. Très belle

341 **Leroy** (L.). **Milton**, eau-forte pure, in-8, très rare. Superbe, toute marge.

342 — **Rossini**, in-8, ép. d'artiste avant toute lettre. Superbe, toute marge.

343 **Levy** (Gustave). **Jacques Cœur**, surintendant des finances, ovale, grand in-8. Magnifique ép. sur chine, avant la lettre, marge in-4.

344 — Raymondo Guell de **Borbon**, en pied, in-4, sur chine, superbe, toute marge.

345 — **Lafond** de Lurcy, capitaine. In-8, d'ap. *Demoussy*. Superbe ép. avant la lettre, sur chine, toute marge.

346 **Lignon** (F.). **Bernardin de Saint-Pierre**, d'ap. *Girodet*, grand in-8. Superbe ép., les noms d'artistes à la pointe, toute marge — in-12 sur chine, avant la lettre. 2 p.

347 — **Boileau** Despréaux, d'ap. *Rigaud*, in-8. Superbe ép., marge.

348 — Mme la duchesse d'Angoulême — Charles comte d'Artois — Louis XVIII — Talleyrand, 4 p. in-4. Très belles ép. toute marge.

349 — Constantin Paulowitz — Saken, général russe, 2 p. in-4. Superbes ép. toute marge.

350 — Georges, prince de Galles — François II, empereur d'Autriche — Prince Schwarzemberg — Blücher — Fréd. Guillaume III, roi de Prusse, 5 p. in-4. Très belles ép. toute marge.

351 — **Massillon**, in-8, avant la lettre. Superbe ép., marge, grand-in-4.

352 — **Massillon**, in-8. Superbe ép., lettre grise sur chine et sur blanc, marge grand in-4. 2 p.

353 — **Molière** à mi-corps, d'ap. *Fragonard*, in-8. Magnifique ép. avant la lettre, les noms d'artistes à la pointe, marge vierge. Rare.

354 — Maréchal **Suchet**, d'après *H. Vernet*, in-8, avant la lettre sur chine, les noms d'artistes à la pointe. Magnifique ép. toute marge.

355 **Lips**. **Boissy d'Anglas**, d'après Bréa, ovale, in-8. Superbe ép. remargée.

B Letour Horyard 3.

Letour

Bourrely 7

Letour

Letour.

Letourn

Nicolle 4.50. Varin. 2.

Lamotte 5

356 **Lorichon. Arnauld.** Ovale in-4, sur chine et sur blanc, 2 p. Très belles ép., marge in-fol. o

357 — Georges **Cuvier**, in-4. Superbe ép. toute marge. o

358 — 1827. **Joconde**, in-8, d'ap. *Léonard*. Superbe ép. sur chine, avant la lettre, les noms d'artistes à la pointe, toute marge. o

359 — **Karamsin.** Historien russe, in-4, avant toute lettre, signé par le graveur. Très belle ép. marge. o

360 **Macret. Destouches**, in-8, avant toute lettre, remargé. Superbe ép. — le même avec la lettre, toute marge. 2 p. o

361 — Ecouchard **Lebrun**, célèbre poète lyrique, in-8 d'ap. son buste. Superbe ép., marge. o

362 **Maile.** Le Joueur, d'après *Charlet*, in-4. Superbe ép. avant la lettre, toute marge. o

363 **Maradan.** George-Anne **Bellamy**, actrice de Covent-Garden, ovale in-8. Superbe ép. marge. 1

364 **Marchand** (Mme). Marquis de **Bonchamps**, Superbe ép. in-8 avant la lettre, toute marge. o

365 **Mariage.** L'**Albane**, peintre, d'après lui-même, in-4, lettre grise. Très belle ép., marge. o

366 **Martinet. Mirabeau**, orateur, in-8. Magnifique ép. d'artiste avant toute lettre, toute marge — Le même avec la lettre, sur chine. Superbe, toute marge. 4 Vuy

367 **Masquelier.** Marianne **Barilli**, in-4, charmant portrait. Superbe ép., marge. 4 Vuy

368 — 1779. **Pytagore**, en tête de page, eau-forte, pure et terminé. 2 p. 1 50

369 **Massard.** Antoine **Arnauld**, docteur de Sorbonne, in-4., d'ap. *Champagne*. Beau portrait, très belle ép., marge.

370 — **Buffon**, toute marge — **Jean Bart**, 2 p. in-8, la tablette blanche, avant la lettre.

371 — Em. **Dupaty**, in-8. Collect. Dabo, avant la lettre, sur chine et sur blanc. 2 p. Superbes, toute marge.

372 — **Monvel**, acteur, collect. Dabo, in-8, avant la lettre, chine et blanc. 2 p. Superbes, toute marge.

373 — Jules **Rospigliosi**, Clément IX, avant toute lettre, in-8. Superbe ép. marge.

374 **Massard** père. L'abbé **Sicard**, instituteur des sourds et muets, très grand in-8. Superbe, toute marge.

375 **Massard** (L.). F. **Habeneck**, fondateur de la Société des concerts (dessiné d'après nature et gravé), in-4. Magnifique ép. sur chine, toute marge.

376 — Mme de **Maintenon**, in-8. Superbe ép. avant toute lettre, marge in-4.

377 **Massol.** Calderon — **Lope de Vega** 2 p. in-8, avant la lettre, sur chine. Superbe, toute marge.

378 — **Elisabeth**, Ph. M. H. de France, sœur de Louis XVI. Ovale, in-8, d'ap. *Roslin*. Belle ép. marge in-4.

379 — **Fénelon**, in-8, avant la lettre, sur chine. Superbe ép. toute marge.

380 — **R. P. C. Guyon**, jésuite, d'après Bera, très grand in-8, sur chine. Superbe ép. toute marge.

Letour

Beraldi. 3

Coursaud 3.

Letour

Latour
Consonant 2.

381 — E. **Jouy**, d'ap. *Isabey*. In-8. Lettre grise sur chine. Superbe ép., toute marge.

382 — Hyacinthe-Louis de **Quelen**, archevêque de Paris. Ovale in-4. Superbe ép., marge.

383 **Masson**. M. de **Corcelles**. Eau-forte in-4. Avant la lettre, les noms d'artistes à la pointe, toute marge.

384 **Mauduison**. Joseph Bonaparte. — Lucien. — Junot. — Kléber. — Michaud. — Wellington. 6 p. in-8. Superbes ép.

385 **Mauduit**. **Barnave**. in-8 sur chine. Superbe, toute marge.

386 — Mlle **Raucourt**. Eau-forte pure et terminée. 2 p. in-8. Collect. Dabo. Très belles ép.

387 **Maulet**. **Lasalle**, général. In-8, sur chine. Avant la lettre. Magnifique ép.

388 — Maréchal **Lannes**. — **Lasalle**. 2 p. in-8. Superbes ép., marge.

389 **Mécou**. Carl von **Alten**, général de Hannovre. Ovale in-4. Superbe, toute marge.

390 — Le vicomte d'**Arlincourt**, romancier. In-8, d'ap. *Isabey*. Lettre grise sur chine, superbe, toute marge.

391 — N. **Baudin**, capitaine de vaisseau, mort à l'Ile-de-France, 1805. Grand in-8. Ovale. Très belle ép., marge.

392 — Maréchal **Bertrand**, d'ap. *Bordes*. Ovale. In-4. Avant la lettre. Superbe ép.

393 — L.-J. **Bourdois**, médecin des Enfants de France, d'ap. *Isabey*. In-4. Superbe ép., toute marge.

394 — L'abbé **Carron**, d'ap. *Laguiche*. In-4. Avant et avec la lettre. 2. p. Superbes ép., toute marge.

395 — Mme la duchesse de **Courlande**, d'ap. *Isabey*. Ovale. In-8. Charmant portrait. Superbe ép., toute marge.

396 — Pierre **Fourey**. In-8. — Rodrigue Frey **Dufossé**. In-4. Avant la lettre. Superbe, toute marge. 2 p.

397 — Mlle **Levert**, du Théâtre-Français. Ovale. Grand in-8, d'ap. *Isabey*. Très belle ép.

398 — Mme de **Maintenon** étant jeune. In-8, d'ap. *de Troy*. Superbe ép., toute marge.

399 — Lady **Morgan**. Ovale. In-8. Avant la lettre, sur chine. Superbe ép., toute marge.

400 — **Napoleoni magno**, d'ap. *Boudon*. In-8. — Médaillon de face, d'ap. *Bouillon*, par *Massard*. In-4. 2 p. Superbes ép.

401 — La grande duchesse **Alexandrine**. — L'impératrice **Catherine Ire**. Sur Chine. 2 p., d'ap. *Benner*. Avant la lettre.

402 **Mercuri. Condorcet**. Profil pour médaille, d'ap. *Lemort*, 1786. Superbe ép. Grand in-8, marge.

403 **Migneret. La Harpe**. In-8. Avant la lettre, tablette blanche. Superbe ép., marge.

404 — Adrienne **Lecouvreur**. In-8. Avant la lettre, sur chine. Collection Dabo. Superbe, toute marge.

405 — **Molière**. Ovale. In-8. d'ap. *Mignard*. Très belle ép., marge in-4.

Surgère 4

Chambey 2   Bournely 3

Letour ~~Nicolle 2.50~~

Nicolle 2.50

Chambey 2

Letour

Bonnety 3

Nicolle 3

Bonnety 3

406 — Le coadjuteur de **Retz**. In-8. Avant la lettre, sur chine, tablette blanche. Superbe, toute marge.

407 **Monsaldy**. J. **Fouché**, ministre de la police, d'ap. *Sambat*. Joli portrait, in-8. Superbe, rare.

408 **Morghen** (R.). **Carolus** III, roi d'Espagne. In-8, d'ap. *Mengs*. Superbe.

409 — Carlo **Goldoni**. Ovale. In-8, d'ap. *Fedi*. Superbe ép., marge.

410 **Mottet**. Mme de **La Fayette**. In-8. Avant la lettre, sur chine, tablette blanche. Superbe ép., marge.

411 **Mougeot**. **Pieyre**, d'ap. *Bonvoisin*. In-8. Collect. Dabo. Avant et avec la lettre, sur chine. 2 p. Superbes, toute marge.

412 — **Saint-Ange** (Ange F. Fariau, dit de), poète, traducteur d'Ovide en vers français. In-8, d'ap. *François*, 1783. Superbe ép. avant la lettre, toute marge.

413 **Muller** (H.-C.). **Dante**. Ovale. In-8. Superbe ép. d'artiste, sur chine et sur blanc, toute marge. 2 p.

414 — **La Fontaine**. In-8. Avant la lettre, la tablette blanche. Superbe ép., marge.

415 — Comte de **Las Cases**. Grand in-8, d'ap. nature, par *Delorme*. Très belle ép., marge. In-4, et avant la lettre, chine. 2 p.

416 — Le chevalier **Lemaire**, de Mayenne, médecin. In-8. Sur Chine. Superbe, toute marge.

417 — **Montesquieu**. In-8. Avant la lettre, sur Chine. Superbe ép., toute marge.

418 — **Duplessis-Mornay**. In-8. Avant la lettre, sur chine et sur blanc. 2 p. Superbes, toute marge.

419 — Mme de **Staël**, née Necker. In-8. Lettre grise. Superbe ép., toute marge.

420 — **Torquato Tasso**. In-8, avec le bas-relief. Magnifique ép., avant toute lettre. Rare. — Le même, le bas-relief enlevé, la planche réduite, avec la lettre. 2 p.

421 **Normand** (C.-V.). Ch. **Normand**, architecte. Petit in-fol., d'ap. Julie *Ribault*. Superbe ép., toute marge.

422 **Gortman**. Général **Hubert**. In-4, d'ap. de *Laval*. Avant la lettre, sur chine, volant et sur blanc. 2 p. Superbes ép., marge.

423 — **Jean Second**. In-8. Lettre grise. Superbe ép., toute marge.

424 **Pauquet**, 1815. **Bossuet** en pied, d'ap. *Rigaud*. Grand in-8. Eau-forte pure. Superbe, toute marge.

425 — **Ducis**. In-12. Très rare ép. non terminée, avec un troubadour jouant de la flûte, au bas, à gauche. — Le même, ép. d'artiste, le nom de l'artiste a la pointe à l'envers. 2 p. Superbes.

426 — **Jeannin**. In-8. Superbe ép., avant la lettre, marge.

427 — **La Fontaine**, d'ap. *Le Brun*. Eau-forte pure, avec une petite tête en haut, à gauche. — Le même, terminé, la lettre a un trait. 2 p. In-8. Superbes, toute marge.

2

Letour

Letour Mongard 3

Chambey 2 ou 484 Letour 2

Bourrely 6

Letour

Lesueur 4.50

Horyard 2 Latour

Surgeon 1.

428 — Le même. Petit in-8. Superbe ép., avant toute lettre, toute marge. Réduction du portrait précédent.

429 — **Mascaron.** In-8. Tiré des Oraisons funèbres. Magnifique ép. Lettre grise, toute marge. — Le même, la tablette blanche. 2 p.

430 — **Piccini**, musicien. Eau-forte pure. Avant toute lettre. 3 p. In-8. D'ap. *Bergeret.* Très belles ép., marge.

431 — Comte de **Tressan**. In-8. D'ap. *Colin.* Eau-forte pure et avant la lettre. 2 p. Superbes, toute marge.

432 — Comte de **Tressan**. In-8. D'ap. *Colin.* Superbe ép. sur chine. Avant la lettre, toute marge.

433 **Pelée. Ada**, fille de Byron. In-8. Avant la lettre. Superbe ép., toute marge.

434 — **Bernardin de Saint-Pierre**, auteur de Paul et Virginie, à mi-corps, d'ap. *Lafitte.* Superbe ép. In-8, avant la lettre, sur chine. Au bas, le Soleil éclairant le monde.

435 — **Clisson.** In-8. Avant la lettre, marge. Très belle ép.

436 — E.-T.-A. **Hoffmann**. In-8. D'ap. *H. Dupont.* charmant portrait de l'auteur des Contes fantastiques. Superbe ép. avant la lettre, sur chine, marge. In-4. Rare.

437 — E.-T.-A. **Hoffmann**. In-8. D'ap. *H. Dupont.* Charmant portrait de l'auteur des Contes fantastiques. Superbe ép., marge. In-4.

438 — **Lamartine**, dans un encadrement orné. In-8. Avant la lettre, sur chine, 1er état avec *Pelée*, à la pointe. Superbe.

439 **Petit** (L.). **Boileau.** In-8. Avant la lettre, la tablette blanche, toute marge. Très belle ép.

440 **Pfitzer. Charles X**, assis, en grand manteau royal. Grand in-8. Lettre grise. Superbe, toute marge.

441 **Pigeot. Bailly**, maire de Paris. In-8. Sur chine. Superbe ép., marge.

442 — **J. Lefévre**, chef d'orchestre de l'Opéra-Comique. In-4. Toute marge.

443 **Pollet. Massillon.** In-8. Sur chine et sur blanc. 2 p. Superbes, toute marge.

444 — Maréchal **Suchet.** Sur chine. — **Larrey.** 2 p. In-8. Superbes, toute marge.

445 **Porreau** (Jules). P.-I. **Garesché,** député de Saintes, en 1789. In-8. En bistre. Superbe ép., très rare, toute marge.

446 — **Mazères,** auteur dramatique. In-4. D'ap. le pastel de *Viardot.* Magnifique ép., en bistre, avant toute lettre, marge in-fol.

447 — Mme **Récamier.** In-8. Superbe et rare ép. Eau-forte pure. — La même, terminée avec la lettre. 2 p. Marge in-4.

448 **Potrel. Andrieux,** auteur dramatique. In-8. Collect. Dabo. Lettre grise sur chine et avec la lettre. 2 p. Très belles.

449 **Pourvoyeur. Louis XVI** en pied, assis, au Temple. Eau-forte pure. Superbe, toute marge.

450 — **Molière,** d'ap. *Coypel.* In-8. Avant la lettre, sur chine. Superbe ép. Marge.

Letour. Nicolle 3.50

Letour

Letour

Couraud 4

Letour

Letour

Letour

Letour

Lescure 5

Letour

Nicolle 3

Hoyard 1 Letour 2

451 — **Montesquieu**. Eau-forte pure. Terminé avant la lettre, sur chine. 2 p. In-8. Superbes, toute marge.

452 — **Voltaire**, d'ap. *Latour*. In-8. Avant la lettre, sur chine et sur blanc. 2 p. Superbes, toute marge.

453 **Pradier**. **Canova**, d'ap. *Gérard*. Petit in-fol. Très belle ép., toute marge.

454 — **Ducis**. — **Suard**. 2 p. In-4, d'ap. *Gérard*. Très belles ép,, toute marge.

455 **Prévost**. **Montesquieu**. In-12. Eau-forte pure et avec la lettre. 2 p. Superbes, toute marge.

456 **Prot**. L'abbé **Fayet**. — L'abbé **Janson**, missionnaires. In-8. Rares. 2 p. Superbes ép., toute marge.

457 **Prudhomme**. **Turenne**. Eau-forte pure. Avant la lettre, la tablette blanche. 2 p. In-8. Sur chine. Superbes, toute marge.

458 **Prudhon**. De **Marchangy**. Avant toute lettre, sur chine et sur blanc. 2 p. In-8. Superbes, toute marge.

459 **Ransonnette**. **Eugène**. — **Bertrand**. 2 p. In-8. D'ap. *Raffet*. Avant que la bordure soit effacée. Superbes ép., sur chine, toute marge.

460 **Regnault**. E. **Meissonier**. D'ap. lui-même. In-12. Superbe ép., toute marge.

461 **Revel**. Thomas **Corneille**, profil dans un entourage orné, in-8. Eau forte pure, avant toute lettre, rare, superbe ép., toute marge.

462 — **Florian**, in-12, d'après *T. Johannot*. Superbe ép., avant la lettre, sur chine, toute marge.

463 **Reynolds**. De **Béranger** d'ap. *Scheffer*, in-8. Manière noire, superbe ép., toute marge. Un petit trou dans la marge du cuivre.

464 **Ribault**. **La Fontaine**, in-8. Superbe ép., la tablette blanche — la tablette ombrée, 2 p. superbes.

465 — Ecouchard **Lebrun** 1719-1807, in-8, d'après *Laffitte*. Superbe ép., avant la lettre, sur chine, volant.

466 **Richomme**. Mme la duchesse d'**Angoulême**, in-4, d'après *Gounod*. Superbe.

467 — **Canova**, in-8, d'après son buste colossal sculpté par lui-même. Superbe ép. sur chine, toute marge.

468 — Duc d'**Enghien**, in-4, d'après *Bourdon*. Très belle ép.

469 **Riffaut**. **Frédéric** — **Léopold**, grands ducs de Bade, en pieds, in-8. Sur chine, 2 p. très belles, toute marge.

470 **Robert** (Léopold). Mme Louis **David**, sous le nom de la duchesse d'Orléans douairière. Petit in-fol., très belle ép.

471 **Robinson** (H.). Sir **Joshua Reynolds**, peintre, d'ap. lui-même, in-8. Magnifique ép., avant la lettre, sur chine, toute marge.

472 **Roger**. Th. **Corneille**, ovale, in-8. Superbe ép., avant la lettre, sur chine, toute marge.

Letour

Letour

Villemessant 1.50

Lescure 5

Varin 3

Letour Houzard 1

Letour

Letour

Letour

Varin 1,50

473 — Jacques **Delille**, ovale, in-8. Lettre grise, superbe, toute marge.

474 — **Fléchier**, ovale, in-8. Avant la lettre, toute marge, très belle.

475 — Marie Thérèse Louise de Savoie-Carignan, princesse de **Lamballe**, ovale, in-8, avant la lettre — Le même, lettre grise. 2 p. superbes, toute marge, très rares.

476 — Constance de **Salm**, in-4, d'après *Girodet*. Superbe.

477 — Anne d'Autriche — Mlle de Fontanges — Louis XIV, 2 différents — Le duc du Maine. 5 p. in-8, lettres grises, sur chine, rares, très belles ép.

478 — Marie de Médicis — Marie Mancini — La Vallière — Fontanges — Montespan — Maintenon — Marie Leczinska — Elisabeth. 8 p. in-8, sur chine, superbes ép., toute marge.

479 **Roger** et **Taurel**. Corneille, Fénelon, Molière, Montesquieu, Pascal, ovales, in-8, pour les classiques de Lefèvre. 5 p. superbes, toute marge.

480 **Rouargues**. Ol **Goldsmith**, entouré de quatre scènes, in-8. Très belle ép.

481 — **Mirabeau**, in-8. Sur chine, superbe ép., marge.

482 **Roze**. Georges **Monk**, in-8. Très belle ép., toute marge.

483 **Ruhierre**, 1883. **Machiavel**, in-8, d'après *Santi di Titi*. Avant la lettre, sur chine, superbe.

484 — Mme la Baronne de **Staël** à mi-corps, in-12, d'ap. *Gérard.* Magnifique ép., avant toute lettre, toute marge.

485 **Ruotte**. Albouy **D'azincourt**, comédien, in-4. d'ap. *Bouton*. Très belle ép., grande marge.

486 — B. **Mozin**, membre de la société des enfants d'Apollon, in-8. Superbe ép., marge.

487 **Salmon**. **Napoléon**. Avant la lettre sur chine et avec la lettre, 2 p. in-8, superbes.

488 **Scriven**. Mariotto **Albertinelli**, sur chine, *Proof*, in-8. Superbe.

489 **Simon**. A. E. M. **Gretry**, célèbre musicien compositeur, ovale, in-8, d'après *Isabey*. Superbe ép., marge in-4.

490 **Simonet**. **Dubois**, médecin, eau-forte pure, rare. — Terminé par *Bertonnier*, 2 p. in-8. Superbes, toute marge.

491 — **Louis** XV, tiré des oraisons funèbres, in-8, d'après *Le Moyne*. Lettre grise sur chine et sur blanc, 2 p., superbes ép., marge.

492 — **Vertot**, in-12. Eau-forte pure et avec la lettre, 2 p. très belles.

493 **Sisco**. M. de **Coulanges**, in-8. Avant la lettre, la tablette blanche, superbe ép. sur chine, toute marge.

494 Mlle **Georges**, en pied, assise, in-8. Avant la lettre, sur chine, superbe, toute marge.

495 — **Ingouf** jeune, graveur, in-8. Superbe ép. d'artiste, avant toute lettre — Le même avec la lettre. 2 p., toute marge.

Chambey. 2e q. Latour
on 419

Flogard 2

Letour

Letour

Letour

Lescure 5

Letour

496 **Sixdeniers. Buffon** d'après *Drouais*, in-8. Avant la lettre sur chine, superbe ép., marge.

497 — **Cervantes**, in-8. Avant la lettre, sur chine, superbe, toute marge.

498 — Mlle de **La Vallière**, avant la lettre, chine et blanc, la tablette blanche. 2 p. in-8, superbes, toute marge.

499 **Soliman.** L'abbé **Prévost**, auteur de Manon Lescaut, avant la lettre, in-8. — Le même, petit ovale portant le nom de *Ficquet*. 2 p., très belles ép., marge.

500 — J. **Racine**, eau-forte pure et avec la lettre 2 p. in-8. Superbes ép., toute marge.

501 **Tardieu** (Alex.). Médaille d'or accordée à **Ternaux** frères. In-4 avec explication, rare.

502 — Ch.-Alb. **Demoustier**, auteur des lettres à Émilie. In-8, magnifique ép.

503 — Ant. de la garde, v^e **Deshoulières.** In-8, d'ap. *Sophie Cheron.*

504 — **Huber**, traducteur de Gessner. In-8, avant et avec la lettre. 2 très belles ép.

505 — **Louis XIV**. In-8, très belle ép., d'après *Mignard.*

506 **Tardieu. Mazarredo.** In-8, d'ap. *Bellier.*

507 **Tardieu** (P.-A.). **Montesquieu.** Grand in-8. Lettre grise, tablette blanche, superbe, toute marge.

508 — **Turgot**, ministre de Louis XV. In-8, superbe ép., d'ap. *Ducreux*, toute marge.

509 **Tardieu** (Alex.), 1817. **Voltaire**, d'ap. *Houdon.* In-8, avant la lettre, très belle ép.

510 **Tardieu** (Ambroise). F. **Baffier**, de la cour d'Aix. In-4, superbe ép., rare, toute marge.

511 — Amiral de **Rigny**. Avant la lettre, chine, marge, grand in-4. — Avec la lettre, 2 p. superbes, toute marge.

512 **Taurel**. **Molière**. — Torquato **Tasso**. 2 p. ovales, in-8, très belles ép.

513 **Tavernier**. **Casti**, célèbre poète italien. Lettre grise, ovale, in-8, d'ap. *Appianni*. Très belle ép., marge.

514 — Mlle **Contat**. Avant la lettre, sur chine. Collection Dabo, et avec la lettre. 2 p. in-8, superbes, toute marge.

515 — **Delrieu**. Avant la lettre, sur chine. Collection Dabo, très belle ép., toute marge. Rare.

516 — **La Fontaine**. In-8, avant la lettre, sur chine. Collection Dabo. Superbe, toute marge. Signé *Devéria*.

517 — Mme de **Maintenon**. Avant la lettre, la tablette blanche. In-8, toute marge, superbe.

518 — **Ninon** de Lenclos. Avant la lettre, sur chine, la tablette blanche. Superbe épreuve, marge.

519 — J. **Racine**. Ovale, in-8, avant la lettre, chine, superbe, toute marge. 2 trous de vers dans la marge.

520 **Touzé**. **Hoffman**. Avant la lettre, chine. 2 trous de vers dans la marge. — Avec la lettre, 2 p., très belles ép. Collection Dabo.

521 — **Le Kain**. In-8, avant la lettre, chine. Collection Dabo, taché d'eau, très belle ép., rare, toute marge.

Varin 1, 50

Varin 1

Varin 1

Varin 1

Varin 1

Varin 1

Varin 1

Lidour

Surgeon 5

Bounty 3 Chambey. 4

522 **Vallet.** **Cormenin**, d'ap. *David d'Angers.* Grand in-8, sur chine, superbe ép., marge.

523 — 1840. **Gros**, peintre, d'ap. lui-même. In-4, sur chine, avant la lettre, marge in-fol., superbe.

524 — **Louis XIV**. Avant la lettre, sur chine, la tablette blanche. — Même état, sur blanc, avec 2 trous de vers. 2 p. in-8, superbes ép., marge.

525 — Mlle **Mars**, en pied, assise. In-8, avant la lettre, sur chine, superbe ép., toute marge.

526 — **Rabelais**, en pied, assis. In-8, avant la lettre, sur chine, magnifique ép., marge in-fol.

527 **Veram.** Eust. **Le Sueur**, peintre. In-12, avant la lettre, superbe ép., toute marge, rare.

528 — Sophie **Ruffey**, amie de Mirabeau. In-8, très belle, toute marge.

529 **Vérité**. **Bergasse**. En couleur. in-8, remargé in-4.

530 — **Le Chapellier**. In-8, superbe ép., en couleur.

531 — **Le Peletier**, Saint-Fargeau. In-8, superbe, remargé.

532 — Le comte de **Mirabeau**. Très belle ép., in-8, en couleur.

533 — L.-Ph.-J. duc d'**Orléans**, Égalité. Ovale, in-8, très belle ép., marge.

534 — **Quinette**, député de l'Aisne. In-8, très belle ép., marge, rare.

535 — Bailly. — Bouche, député d'Aix. — Cazalès. — Le comte Charles de Lameth. — Mirabeau l'aîné, député d'Aix. — Petion. — Sieyès. — Thouret, député de Rouen. 8 p. in-8, belles épreuves.

536 **Weber.** Mme **Louise Colet**, femme auteur. In-4, d'ap. *Winterhalter*. Superbe ép., sur chine, toute marge.

537 **Wedgwood. Bernardin de Saint-Pierre.** In-8, d'ap. *Girodet*. Superbe ép., sur chine, avant la lettre. — Le même, avec la lettre, 2 p., toute marge.

538 — Mme de **Sully**. Avant la lettre, sur chine, la tablette blanche, superbe ép., marge.

539 **West. Millevoie.** In-8, avant la lettre, sur chine, superbe, toute marge.

540 **Willaeys. Delille.** Entourage orné, avant la lettre, superbe ép., toute marge.

541 **Worthington. Diane de Poitiers.** In-8, avant toute lettre, sur chine, toute marge. rare. Des trous de vers dans la marge.

Ve Renou, Maulde et Cock, impr^s de la Cie des Commissaires-Priseurs, rue de Rivoli, 144. 37421

Letour

Letour — Hoayard 2

Bouszely 3

Letour

Nicolle 3

770 catalogues à 5	38 50		817 50
Chemises 6 Mains	9		
Honoraires 10%	81 75		
800 Catalogues	334		
75 affiches au 50	31 50		
500 Collection visible	14	508 75	
Insertions au Moniteur des Ventes		16 60	
Declaration de Vente		2 20	
Timbre du Procès Verbal		5 40	
Enregistrement		24 25	
Versement en Bourse commune		25 80	
Honoraires Delestre		25 80	
Clerc et crieur		24	
Location de la Salle		62 20	
Journées du Commissionnaire		10	
gratification du Commissionnaire		2	
		707 00	
Deduire 5% des acquereurs		40 90	666 10
			151 40

www.ingramcontent.com/pod-product-compliance
Lightning Source LLC
LaVergne TN
LVHW020352230826
846091LV00003B/1082

* 9 7 8 2 0 1 3 4 1 7 9 4 5 *